ABRÉGÉ DE LA VIE

DE

S. JEAN DE MATHA,

FONDATEUR DE L'ORDRE DE LA
TRÈS-SAINTE TRINITÉ,

*Né en 1160, à Faucon, Village dans la Vallée de
Barcelonnette.*

DIGNE,
IMPRIMERIE DE A. VIAL.

—

1835.

ABRÉGÉ DE LA VIE

DE

S. JEANDEMATHA,

Patriarche de l'Ordre de la Sainte Trinité,
et Rédemption des captifs;

SUIVI D'UNE NOTE CRITIQUE SUR LE LIEU DE
SA NAISSANCE, AVEC LA MESSE, LES VÊ-
PRES, UNE NEUVAINE ET DES CANTIQUES EN
SON HONNEUR.

DIGNE,

IMPRIMERIE DE A. VIAL.

1835.

AVERTISSEMENT.

Le Diocèse de Digne s'énorgueil-
lit , avec raison , d'avoir donné naissance à un des plus grands saints que
l'Eglise révère ; à St. Jean de Matha ,
Patriarche des Trinitaires , astre bril-
liant qui ne le cède en rien, aux Dominique , aux François d'Assise , aux
Pierre Nolasque..... Mais comme ce
précieux diamant n'est pas assez connu , parce que les ouvrages qui l'in-
diquent , quoique très multipliés ,
sont ou trop concis , ou trop anciens
et d'un style rebutant; ou trop vo-
lumineux et trop chers, j'ai cru faire
une œuvre agréable et utile au pu-
blic , en faisant disparaître ces graves
inconvéniens , par un précis simple
et exact de cette vie sublime et mer-
veilleuse qui la mit à la portée de
toutes les personnes et de toutes les
fortunes.

De plus, dans ce siècle malheureux
où de prétendus philosophes osent
disputer à la religion sa nécessité et

ses avantages inappréciables., et portent l'audace jusqu'à lui attribuer les
calamités et les maux dont il sont
seuls la cause , l'Apôtre de la charité
se présente très-à-propos, pour con-
fondre ces téméraires calomniateurs,
en jetant dans la balance de la religion ; les travaux immenses qu'il a
opérés pour l'amour de ses frères , et
les débris des chaînes dont il a couvert la terre.

Pour dire beaucoup de choses en
peu de mots, et cependant, ne rien
omettre de bien intéressant , je me
suis contenté de rapporter les traits
caractéristiques avec toute la briéveté
possible , laissant toute réflexion au
soin du lecteur. Dans les faits miraculeux, je n'ai consigné que ceux
que j'ai trouvé confirmés, au moins
par trois ou quatre auteurs dignes
de foi.

Aprés avoir fait connaître la vie
de l'illustre Saint Jean de Matha, la
gloire , l'ornement , et le puissant
protecteur de ce Diocèse , j'ai dû
pour satisfaire au vœu des fidèles ,
leur présenter des prières , une neu-

vaine et des cantiques à l'honneur de ce grand Saint, digne objet de leur tendre et utile dévotion. La neuvaine qu'on donne ici est une esquisse fidèle de celle qu'on fait à Madrid auprès de ses sacrées reliques, et qui est recommandée par l'autorité Ecclésiastique.

APPROBATION

DE MONSEIGNEUR L'ÉVÊQUE
DE DIGNE.

———

Nous CHARLES-FRANÇOIS-MELCHIOR-BIEN-
venu MIOLLIS, Évêque de Digne, ayant
fait examiner *l'Abrégé de la Vie de Saint
Jean de Matha,* pouvons assurer qu'il n'y
a rien que d'édifiant, et que le récit des
sublimes vertus de ce grand serviteur de
Dieu fera d'autant plus d'impression sur
les fidèles de ce Diocèse, que le Saint est
né parmi eux. Nous recommandons la lecture de cet Abrégé.

Fait en notre Palais Épiscopal, le 15 Décembre 1834.

† Ch. Fr. M. B., *Évêque de Digne.*

ABRÉGÉ DE LA VIE

DE S. JEAN DE MATHA,

Patriarche de l'Ordre de la Sainte Trinité,
et Rédemption des captifs,

Né le 23 Juin 1160, et mort le 17 Décembre 1213.

Tiré des Annales et des Chroniques des Trinitaires, de
la vie du Saint, in-8°, imprimée à Paris en 1695,
d'Antoine François Tarrizzo, de Croiset, de Godes-
card, d'Adrien Baillet, du Père François Macédo,
cordelier, de la Notice rédigée par le Couvent de
Saint-Michel, etc., etc.

LA naissance de Saint Jean de Matha,
comme celle de la plupart des grands serviteurs de Dieu, fut précédée et accompagnée
de circonstances extraordinaires et mira-
culeuses.

Son père Euphéme de Matha, et sa mère
Marthe de Marseille, illustres par leur for-
tune, leurs nobles alliances, les hautes
dignités; mais plus illustres encore par
leurs vertus, leur piété, leur foi vive; se
voyant privés d'enfans, et sans espoir d'en

avoir, a moins d'une grâce spéciale du ciel, fesaient dans cette vue des aumônes sans mesure et adressaient à Dieu de continuelles et ferventes prières. Elles furent enfin exaucées. Comme Marthe en remerciait le Seigneur dans une oraison brûlante, la Sainte Vierge (*) lui fit connaître que le fils qu'elle portait était le fruit de ses prières, et des bonnes œuvres de son époux ; et qu'il était choisi de Dieu pour participer à l'œuvre de la Rédemption de Jésus-Christ, en brisant les chaînes des fidèles qui gémissaient dans l'esclavage.

Jean naquit à Faucon village de la vallée de Barcelonnette, (*Voyez la note ci-après page* 50.) l'an 1160, le 23 juin, veille de Saint Jean-Baptiste : c'est pourquoi on lui en donna le nom ; et sa vie entière prouve qu'il s'en est rendu digne en copiant toutes les vertus qu'il rappelle.

(*) Macedo , *page* --- --- 1.
Tarizzo . . *p.* --- --- 8.
Notice, *p.* --- --- 8.
Chroniques , *p.* --- --- 7.
Le Père Ignace Dilloud , *p.* --- 4.

Une lumière céleste qui parut briller sur le Saint au moment de sa naissance, la grâce signalée que Dieu accordait à ses parens en leur donnant un fils, et bien d'autres faveurs extraordinaires, les portèrent à le consacrer de suite au Seigneur par un vœu spécial, et à le mettre, d'une manière toute particuliére, sous la protection de la Reine des cieux.

Dès son berceau, Jean donna des marques de ses vertus futures, en se privant, régulièrement plusieurs fois la semaine, du lait de sa nourrice. A peine parvenu à l'âge de sept ans, il témoigna un désir ardent d'entrer dans la carrière des sciences. Son père qui jusqu'alors avait pris lui-même un soin tout particulier de son éducation, voulant seconder cette heureuse inclination, se disposa à l'envoyer bientôt à Aix, pour y faire des études solides, et apprendre en même temps tous les exercices ordinaires à la noblesse : mais avant il le conduisit à Marseille avec sa mère ; il voulut commencer à former son esprit et son cœur par l'exemple et la fréquentation de la bonne société, seuls maîtres véritables en ce genre. Marthe l'introduisait souvent dans les hôpitaux et dans les prisons. Le jeune enfant se plaisait beaucoup dans ces sortes de visites; elles lui fournissaient l'occasion d'épancher sa tendre compassion pour les malheureux; et la part qu'il prenait à leurs souffrances était si sensible, qu'on prévit dès-lors, qu'il serait un jour l'espoir et la consolation des affligés. Entre autres paroles, voici celles qu'il répétait le plus souvent en baisant les chaînes des prisonniers : *J'espère délivrer un jour mes frères de la captivité.*

Le moment fixé pour entrer au collége d'Aix étant arrivé, Jean s'y transporta avec le plus grand plaisir. En peu de temps il fit des progrès si rapides dans les diverses sciences, que ses professeurs en étaient ravis. A une application qu'on était souvent obligé de modérer, il joignait un jugement solide et profond, une mémoire heureuse et tenace, un esprit ouvert et pénétrant,

Mais c'était surtout dans la pratique des vertus chrétiennes qu'il voulait se perfectionner. Sa charité pour les pauvres faisait toutes ses délices, à tel point que non content de consacrer à leur soulagement l'argent que ses parens lui donnaient pour ses plaisirs, il allait quelquefois jusqu'à se priver du nécessaire pour cette noble fin. Il se rendait régulièrement tous les vendredis à l'hôpital; là, il servait les malades, pansait leurs plaies et leur procurait tous les secours qui étaient en son pouvoir; dans ses prières il était si fervent et si animé, qu'en le voyant on se sentait pénétré d'une sainte ardeur. Il fréquentait tous les jours les Églises; et c'est au pied des saints Autels qu'il passait la plupart de ses récréations. Si quelquefois, cédant aux droits de la nature et aux pressantes sollicitations de ses condiciples, heureux de l'avoir au milieu d'eux, il se livrait pendant quelques instants à un honnête délassement, sa modestie était telle, que sa présence suffisait pour retenir tous les autres dans le devoir.

Un jour un enfant de qualité s'étant permis de prononcer une parole libre, il l'en reprit à l'instant, avec tant de fermeté et de douceur, que celui-ci tout confus, promit de ne plus tomber dans pareille faute.

Cette modestie angélique qui brillait sur sa figure, et qui ne s'est jamais démentie, prouvait toute la pureté de son cœur; il aimait tellement cette belle vertu, qu'il aurait tout perdu, tout sacrifié, sa vie même, plutôt que de la blesser. En effet, éprise autant de la beauté de son corps que des précieuses qualités de son ame, une malheureuse forma le dessein infâme de triompher de sa pudeur: pour cela elle mit tout en œuvre, elle employa toutes les ruses que le démon et une aveugle passion pouvaient lui inspirer; elle gagna jusqu'aux domestiques de la maison; et, profitant habilement d'un moment favorable, elle ne rougit point de lui découvrir sa flamme criminelle. Dans ce péril extrême, une vertu moins solide eût infailliblement succombé; mais Jean, que le feu de l'amour divin rend inaccessible aux charmes des créatures, se dérobe à l'instant, court dans une Église, se précipite aux pieds de Marie, et renouvelle avec effusion de larmes et un vif élan de ferveur, le vœu de chasteté perpétuelle qu'il lui avait déjà fait. La victoire qu'il venait de remporter fut si agréable à Dieu, que depuis ce moment il fût délivré de toute pensée importune, il n'eût plus à combattre les révoltes de la chair contre l'esprit. Il possédait à un tel degré cette vertu angélique, qu'il en répandait partout l'agréable odeur : rien de plus pur que ses entretiens et ses paroles, rien de plus modeste que son maintien et toute sa personne. Quelquefois par une grâce singulière il pénétrait et découvrait ce qui se passait dans le cœur des autres : témoin ce jeune homme qui, méditant en lui-même sur les moyens de satisfaire un penchant criminel, n'est pas peu surpris quand il voit Jean venir l'aborder, lui reprocher les pensées qui l'occupent, et le forcer à les avouer. A cette vue, convaincu et touché de ce miracle, le jeune homme se jette aux pieds de Jean, et, comme la Samaritaine au Sauveur, il s'écrie : « je vois bien que vous êtes un prophète. Hé « bien ! puisque Dieu vous a fait connaître « mes coupables projets, priez-le pour moi, « faites qu'il me donne un cœur nouveau « et capable de n'aimer que lui. » Jean le lui promit avec empressement, et ses prières jointes à ses jeûnes furent si efficaces, que ce jeune homme déclara dans la suite, n'avoir plus éprouvé aucune violente tentation.

Pour conserver cette grâce si précieuse (le don de la pureté), Jean, outre la fuite de toute occasion, avait une grande dévotion envers la Sainte Vierge, et il était fidèle au jeûne et à l'oraison. Quoique dans un âge encore tendre où la nature s'effraye des moindres privations, il jeûnait cependant régulièrement quatre jours de la semaine, et prenait très peu de nourriture les autres jours. Il répondait aux personnes qui le pressaient de modérer cette excessive tempérance, comme étant nuisible à sa santé :

‹ qu'il était aussi frais et aussi portant que
‹ ceux qui flattaient bien leur corps; que
‹ Daniel et ses compagnons avaient trouvé
‹ leur embonpoint dans l'abstinence, et
‹ Moïse ses familiarités avec le Seigneur. »
La fidélité à ces saintes pratiques lui ou-
rirent la voie des communications célestes,
t son ame s'abreuvait déjà aux douceurs
e l'union divine ; aussi consacrait-il à
'oraison tout le temps qu'il ne donnait pas
l'étude , ou aux exercices de la charité.
uelque effort que fissent ses amis , jamais
ls ne purent le déterminer d'aller aux spec-
acles et autres amusemens profanes : au
ontraire , il rompait souvent leurs parties
e plaisir et les entraînait avec lui dans les
isites des hôpitaux et des prisons : le sou-
agement des malheureux , la consolation
es affligés faisaient tout son bonheur.

L'assemblage de tant de vertus dans un
eune homme, lui attirèrent bientôt tous
es regards. On étudiait toute sa vie ; on ne
arlait que de lui ; on le proposait pour
odèle à la jeunesse , et l'on disait haute-

ment qu'il copiait les vertus du grand Jean-Baptiste, dont il ne portait pas en vain le nom. Ces éloges alarmèrent son humilité ; et pour échapper au danger qu'il courait, il résolut de se retirer dans la solitude ; mais dans la crainte de se tromper sur un point si important, il ne voulut rien entreprendre sans l'avis de son directeur ; bien disposé à se soumettre à toutes ses décisions, et pleinement convaincu que l'obéissance est l'unique moyen de se garantir de toute illusion, et de faire sur la terre la volonté Divine. Son confesseur, homme sage et éclairé, lui fit long-temps languir la réponse: pendant cet intervalle il eut recours au jeûne et à la prière. Ayant enfin reconnu que telle était la volonté de Dieu, il le lui permit.

De retour dans sa patrie, après avoir heureusement terminé ses études, Jean ne resta que quelques jours auprès de ses parens chéris. Pour être plus libre dans ses exercices de piété et suivre l'esprit qui l'appelait dans la solitude, il se retira dans un petit ermitage non loin de Faucon ; et là, dans le silence de la retraite , il conversait avec Dieu qui lui parlait délicieusement au cœur. Dans ce profond recueillement, le Seigneur lui accorda les grâces les plus signalées qui le firent triompher des attaques effroyables de l'ennemi de son salut. Au bout d'une année d'une si sainte retraite , ayant reconnu par un mouvement du Saint-Esprit , qu'il devait se livrer à des études supérieures pour la plus grande gloire de Dieu et l'avantage du prochain , Jean revint auprès de ses parens et les conjura de lui permettre d'aller étudier la théologie à Paris. Euphème avait trop de piété pour s'opposer à cette demande ; et, quoique le sacrifice fut bien grand et bien sensible , la religion fit taire la nature , et il consentit à se séparer de ce fils unique et chéri.

Dans son voyage , Jean se montra le modèle de toutes les vertus : entrant dans toutes les Églises pour y adorer le très-Saint-Sacrement, laissant sur tous ses pas des traces de sa bienfaisance. Arrivé dans la capitale , centre des lumières , il est accueilli avec joie et distinction par l'Évêque et l'Abbé de Saint-Victor ; ce qui prouve assez que le bruit de ses talens et de ses mérites l'avaient dévancé. N'oublions pas qu'aussitôt qu'il eût mis le pied dans cette célèbre capitale, avant de rien entreprendre, il fût dans une Église se jeter aux pieds d'un crucifix, et comme il priait avec ferveur, Jésus-Christ lui fit entendre distinctement par trois fois ces douces paroles : *Stude sapientiæ, fili mi, et lætifica cor meum. Travaillez, mon fils, à acquérir la sagesse, et donnez à mon cœur la joie de vous voir l'étudier.*(*) Il entreprit avec ardeur le cours de sa théologie, qu'il parcourut rapidement et avec le plus brillant succès ; aussi tout ce qu'il y avait de savant et vertueux dans Paris recherchait à l'envi son estime et son amitié : mais personne ne se lia plus

---

(*) Macédo , *page* --- --- 7
Tarizzo, *p.* --- --- 43
Chroniques, *p.* --- --- 10
Notice , *p.* --- --- 9
Annales , *p.* --- --- 59
Le P. Ignace Dilloud , *p.* --- 38
Le P. Mariano, *p.* --- --- 74

étroitement avec lui que l'illustre Jean-Lothaire de l'ancienne maison des comtes de Signi , devenu dans la suite cardinal et enfin Pape sous le nom d'Innocent III , qui se trouvait aussi à l'Université de Paris pour terminer ses hautes études. De Matha lui prédit qu'il serait un jour sur la chaire de Saint-Pierre : et si ce grand pontife porta la charité jusqu'à servir lui-même les pauvres et les admettre à sa table, on peut dire que c'est notre Saint qui avait allumé dans son cœur le feu de cette sublime vertu , en le conduisant dans les hôpitaux pour y sécher ensemble les larmes des malheureux.

Jean ayant terminé glorieusement sa théologie, l'Université qui jugeait combien un homme d'un mérite si distingué et d'une vertu si éminente ferait honneur au corps , fit tout ses efforts pour l'engager à prendre les degrés , et à recevoir le bonnet de Docteur ; mais on ne pût triompher de son humilité que lorsqu'il reconnût que telle était la volonté du ciel· Élevé à cette dignité malgré lui , il se livra avec tant de zèle et de fruit

aux pénibles fonctions de professeur de théologie, qu'il forçât les éloges de tout le
monde. L'Évêque de Paris, Maurice de
Sully, bien persuadé que ce jeune Docteur
si riche en science et en sainteté l'aiderait
puissamment dans ses missions et ses travaux contre les hérésies, voulut le revêtir
du caractère auguste du sacerdoce : mais
celui qui avait reculé épouvanté devant le
doctorat, opposa ici, comme on devait s'y
attendre, une résistance bien plus vive ; et
jamais on n'aurait pu surmonter sa répugnance, si l'on n'avait trouvé le moyen
de vaincre son humilité par la force de
l'obéissance. En effet, à toutes les ex-
cuses et les raisons qu'il alléguait et qu'il
croyait fondées, l'Évêque ne répondit que
par un ordre, auquel Jean ne pouvait se
soustraire sans se révolter contre Dieu.
Atterré comme d'un coup de foudre, il
gémit, il pleure, il se soumet. On ne
saurait dire quelles saintes dispositions et
quels sentimens il apporta à la réception
des ordres sacrés : aussi au moment de sa

consécration, lorsque l'Évêque prononçait ces paroles : *Accipe spiritum sanctum*, on vit une colonne de feu qui venait se reposer sur sa tête. Dieu fit connaître par ce signe extraordinaire que son cœur et son sacrifice lui étaient agréables. Ce prodige, et plus encore l'éclat de sa sainteté, attirèrent un grand concours de fidèles et de hauts personnages à sa première messe ; entre autres on remarquait l'Évêque de Paris qui l'avait ordonné, l'Archevêque de Bourges, les Abbés de Saint-Victor et de Sainte-Geneviéve, le Recteur de l'Université, plusieurs Docteurs, etc., etc. Il parut à l'Autel plutôt comme un ange que comme un homme ; au moment de la consécration il est investi d'une auréole de lumière, et reste pendant quelque temps immobile et les yeux fixés au ciel. Dès-lors on ne doute plus qu'il n'ait été favorisé de quelque vision extraodinaire : en effet il venait de voir un ange sous la figure d'un jeune homme, resplendissant de gloire, vêtu de blanc, portant sur sa poitrine une croix, dont le montant était rouge et le travers d'azur; il tenait à ses côtés deux captifs enchaînés, un nègre et un européen, comme pour en faire échange, car il avait les mains croisées sur leur tête.

Tout préoccupé de cette vision, Jean ne pensa plus qu'à en découvrir le véritable sens: pour cela, il n'épargna ni jeûnes, ni prières; mais convaincu que l'Esprit-Saint n'éclaire que dans la retraite, il forma le dessein de s'enfuir secrètement dans la solitude; et bientôt il disparut sans que personne put savoir ce qu'il était devenu. Dieu avait dirigé ses pas dans les forêts des montagnes voisines de Gaudelu au Diocèse de Maux, où il trouva Saint Félix de Vallois, et le pria de vouloir bien le recevoir dans son ermitage, et l'instruire des voies de la perfection. Félix découvrit bientôt qu'il n'avait pas à faire avec un disciple, mais avec un maître que Dieu lui avait envoyé. Il serait impossible d'exprimer ici jusqu'où nos deux solitaires portèrent l'esprit d'humilité, d'oraison; et avec quel zèle ils embrassèrent les plus sévères mortifications.

Leurs veilles étaient longues , et leurs jeûnes rigoureux : souvent ils déchiraient leurs corps de rudes disciplines ; leur occupation la plus ordinaire était la contemplation. Trois ans s'étaient écoulés dans cet état si agréable à Dieu , lorsqu'un jour, comme ils s'entretenaient , selon leur coutume , de choses saintes , aprés avoir pris leur légère réfection auprès d'une claire fontaine, ils virent tout-à-coup un cerf blanc qui venait s'y désaltérer. Il portait entre son bois une croix rouge et bleue parfaitement conforme à celle que Jean avait remarquée pendant sa première messe , et dont il n'avait pas encore parlé à Félix par un sentiment d'humilité ; mais voyant que Dieu le rendait participant des mêmes grâces , il s'ouvrit à lui sur toutes ses visions célestes , et lui fit part de toutes ses pensées.

Ces signes miraculeux et plus encore la lumière de la grâce qui les éclaire , leur font connaître les desseins de la Providence. Elle les appelle à fonder un ordre pour la rédemption des captifs. Dès-lors ils prennent tous deux la résolution de se consacrer à la délivrance des chrétiens qui gémissent sous la cruelle tyrannie des sarrasins.

Cependant malgré toutes leurs précautions, il n'avaient pu si bien couvrir des ombres du désert tout l'éclat de leurs vertus, qu'il n'en échappât quelque rayon, qui, venant se réfléchir dans le monde, leur attira plusieurs disciples. Ils formèrent en peu de temps une petite communauté dont Saint Jean de Matha fut obligé de prendre soin et qui fut comme le berceau de cet ordre célèbre dont nous allons parler.

Voulant donc obéir à Dieu, et remplir la promesse dont ils s'étaient liés avec les malheureux captifs, nos deux Saints quittèrent leur chère solitude et vinrent faire part de leur dessein à l'Évêque de Paris, qui approuva avec la plus vive satisfaction leur généreuse entreprise, et dressa, de concert avec l'Abbé de Saint-Victor, des suppliques au souverain Pontife pour lui recommander cette affaire. Munis de ces lettres, nos deux Saints partirent pour Rome, vers le milieu du mois de décembre 1197, se confiant entièrement aux soins de la providence pour tous les besoins du corps. Dans cette rigoureuse saison ils marchaient nu-pieds, très pauvrement vêtus; ils jeûnaient et priaient sans interruption. Le cardinal Lothaire, qui venait d'être élu Pape sous le nom d'Innocent III, vérifiant ainsi à l'âge à peine de trente-sept ans, la prédiction de Jean, dont nous avons parlé plus haut, les reçut non-seulement comme des amis, mais comme des anges envoyés du ciel. Il les fit loger dans son palais; il leur accorda plusieurs audiences soit publiques, soit secrètes; et après s'être bien instruit de tout, il assembla les cardinaux et nombre d'Évêques dans le palais de Saint-Jean de Latran, pour prendre leur avis sur une affaire si importante; pour s'assurer d'une manière plus spéciale encore de la volonté de Dieu, il indiqua un jeûne et des prières particulières; le 28 janvier, tandis qu'il célébrait la Sainte messe, il vit un ange habillé de blanc sous les mêmes symboles avec lesquels il avait apparu à Saint Jean de Matha; (*) enfin ne pouvant plus révoquer en doute les desseins de la providence et considérant les avantages que l'Église retirerait de ce nouvel institut, il l'approuva par une bulle donnée en 1198, et déclara Jean de Matha premier Ministre et Supérieur Général de cet Ordre. Le jour de la purification, il revêtit solennellement ces deux nouveaux religieux de l'habit qu'il voulût être en tout conforme à celui sous lequel l'ange avait apparu : c'est-à-dire d'une robe blanche, avec un scapulaire de même couleur orné d'une croix dont le montant était rouge et le travers bleu. Intimement convaincu que cet Ordre n'était point le fruit de l'invention des hommes, mais de Dieu seul ; pour en conserver le souvenir, le Saint Père voulut qu'il portât le nom d'Ordre de la Sainte-Trinité. Ayant obtenu

---

(*) Croiset, *tome 2, page* --- 135
Macédo,   *p,*   --- 32
Aunales,   *p,*   --- 76
Chroniques,   *p.*   --- 16
Tarizzo,   *p.*   --- 120
Notice,   *p.*   --- 13
Le P. Ignace Dilloud,   *p.*   -- 91

l'effet de leur demande, nos deux Saints revinrent en France comblés de grâces et de bienfaits, et leur Ordre enrichi de faveurs et de priviléges. Le roi Philippe-Auguste, devant lequel ils se présentèrent et qu'ils informèrent de tout, agréa leur établissement dans son royaume, et les favorisa même de ses libéralités. Gaucher de Châtillon leur donna le lieu où cet Ordre étoit né, nommé Cerfroid, où ils élevèrent leur première maison, qui a toujours conservé ce titre de distinction et de supériorité sur les autres. Mais bientôt ce couvent fut trop étroit pour renfermer tous ceux qui, attirés par la sainteté et la haute réputation de ces deux maîtres grands et illustres fondateurs de la vie spirituelle, voulaient se sanctifier sous leur conduite : c'est pourquoi on construisit de suite un grand nombre d'autres maisons.

Cependant le Père de Matha avait donné tous ses soins à l'œuvre la plus essentielle et la plus importante pour son Ordre, à la composition de la règle, première pierre angulaire et fondamentale de toute société religieuse. Dès qu'il eût terminé cette règle admirable qui a formé tant de saints, fait le bonheur de ses nombreux disciples, et qui portera sa mémoire en bénédiction jusqu'à la fin des siècles, il la soumit à l'Évêque de Paris et à l'Abbé de Saint-Victor, et revint ensuite à Rome pour la faire confirmer. Non content de l'approuver le Pape voulut encore retenir le Saint dans la ville et mit à sa disposition l'Église et la maison de Saint Thomas *de Formis* dite la *nacelle*. Ainsi cet Ordre fondé sur la plus pure charité faisait partout les progrès les plus merveilleux et les plus rapides. On ne peut dire avec quel applaudissement il fut reçu dans tout le monde chrétien. On regardait partout ces héros de la charité comme des anges visibles que Dieu dans sa miséricorde avait envoyés pour délivrer les captifs de la servitude des infidèles. Les comtes de Flandre, de Blois, et plusieurs autres Seigneurs demandèrent, comme une faveur, et obtinrent de Jean, un certain nombre de ses disciples, pour les accompagner dans leur expépition de la terre-sainte. L'occupation de ces religieux était d'instruire les soldats, de soigner les malades et de travailler à racheter les captifs. Cette mission fit beaucoup d'honneur à son institut, et lui gagna tellement l'estime publique et la faveur des grands, que le Saint se vit bientôt en possession de sommes considérables, au moyen desquelles il pouvait commencer l'œuvre de la rédemption. Plein de joie et brûlant du désir de prêcher d'exemple plus encore que par ses discours, de Matha voulut le premier s'élancer dans les pays infidèles et délivrer ses fréres malheureux. Mais le souverain Pontife lui refusa cette consolation, craignant avec raison, qu'entrainé par l'excès de sa charité il ne devint une victime des barbares, et que privé de son secours, son institut, si utile à l'église, ne périt en naissant. Jean qui sait que l'obéissance vaut mieux que le sacrifice, se soumet aux ordres du vicaire de Jésus-Christ, et en confie ce premier voyage à deux de ses religieux, qu'après avoir fait passer dans

leurs cœurs tout le feu qui le dévore, et les
avoir munis d'une lettre de recommandation, que le Pape écrivait à Miramolin, roi
de Maroc. Cette lettre produisit le plus
heureux effet, et les deux religieux eurent
le bonheur de racheter 186 captifs, qui
vinrent dans la plus vive reconnaissance déposer leurs chaînes aux pieds de notre Saint.
A cette occasion le Pape l'honora de la
qualité de son chapelain, et le fit cardinal
in petto, pour le retenir plus long temps
auprès de sa personne, afin de se servir de
ses sages conseils dans les affaires les plus
importantes de l'Église.

Effrayé de la profonde dépravation qui
avait pénétré jusque dans le sanctuaire, et
menaçait le trône et l'autel, Vulcain, roi
de Dalmatie, pour remédier à de si grands
maux, demanda à Rome des ouvriers évan-
géliques. pour venir travailler au rétablis-
sement de la religion, son unique ressource.
En conséquence, le Pape convoqua les cardinaux pour délibérer sur les moyens à
prendre ; et l'on résolut de faire célébrer

dans ce royaume malheureux, un concile présidé par des légats du saint siège. L'idée avantageuse que le souverain Pontife et sa cour s'étaient formés des mérites de notre Saint; la vaste érudition qu'ils avaient reconnu en lui, son habileté en toutes choses; une facilité de s'exprimer qui lui était naturelle, le zèle, la prudence et toutes les qualités qu'on désire dans un homme qui doit être chargé d'une mission importante, enfin une sainteté de vie qui s'était déjà manifestée par des miracles; toutes ces considérations déterminèrent sans peine le siège apostolique à confier cette entreprise épineuse aux soins de Matha. C'est pourquoi d'une voix unanime il fut nommé légat à *latere*; le saint Père qui depuis long-temps désirait de l'élever au cardinalat, saisit cette circonstance pour le revêtir de la pourpre, sous prétexte qu'il le représenterait d'une manière plus convenable. Mais l'humilité mit sur les lèvres de Jean des paroles si fortes et si touchantes, que le Pape aima mieux faire violence à son inclination, que de contraindre l'extrême répugnance du Saint. Jean se présenta donc à la cour de Dalmatie en habit de simple religieux, ordonna des conférences publiques, où il déploya un rare talent ; convoqua un concile composé des Évêques et hauts dignitaires du royaume, porta des decrets si sages et si efficaces, qu'il eût le bonheur de remédier au mal et de faire tout rentrer dans l'ordre. Pour lui en exprimer sa reconnaissance d'une manière plus touchante, le roi écrivit à Innocent III de l'élever aux dignités de l'église, en récompense des services qu'il lui avait rendus ; mais Jean sut encore cette fois décliner les honneurs qui l'attendaient, pour se consacrer plus spécialement au bien de son Ordre, et à la rédemption des captifs.

Cependant le Pape lui fit accepter la place d'inquisiteur ; fonction qui l'accable d'un travail immense et dont il s'acquitte dignement ; en bannissant bientôt de l'Italie l'hérésie des Albigeois qui, franchissant les Alpes, avaient commencé de l'infester. Ensuite, ayant obtenu ce qu'il avait tant de fois désiré, (je veux dire la permission d'aller en personne racheter les captifs des mains des barbares) il partit pour Tunis. A peine y fut-il arrivé, qu'il ralluma la foi presque éteinte dans un grand nombre d'esclaves, et il eut la douce consolation d'en racheter plus de cent dix.

Plus tard il se rendit en Provence; exposa dans les chaires chrétiennes avec tant de force les maux inouis dans lesquels il avait vu les malheureux esclaves, qu'il obtint partout des largesses abondantes qui lui servirent à tirer, au milieu de toutes sortes de fatigues et de souffrances, une foule d'infortunés qui gémissaient dans les fers cruels des maures d'Espagne.

Tant de charité et de vertus réunies attirèrent au Saint une telle réputation, qu'il n'avait qu'à se montrer pour obtenir des fonds. C'est pourquoi il fit bientôt un second voyage en Afrique dans lequel il eut à souffrir des maux extrêmes. Les mahométans irrités de l'ardeur avec laquelle il exhortait les captifs à supporter patiemment leurs souffrances et mourir plutôt que d'abandonner la foi, ne cherchaient qu'une occasion d'assouvir leur rage contre lui. Quelques-uns de ces furieux l'ayant un jour rencontré seul dans un lieu écarté, où sa charité lui faisant oublier tout danger l'avait conduit, se jetèrent sur lui, le dépouillèrent de ses habits, lui firent mille outrages, l'accablèrent de coups, et le croyant mort, ils le laissèrent étendu par terre, nageant dans son sang. Mais Dieu le conserva comme par miracle; et ces traitemens cruels, bien loin de ralentir sa charité, lui donnèrent au contraire un nouvel essor; car à peine ses forces sont-elles un peu réparées, que s'estimant heureux d'avoir souffert quelque chose pour J.-C., il recommença avec plus d'ardeur que jamais à se livrer à ses œuvres de miséricorde. Le désir du martyre lui fesait mépriser la mort; il disait hautement que s'il ne pouvait pas être martyr, il prendrait du moins la place d'un esclave. Cependant une foule de malheureux tombent à ses pieds fondant en larmes, et le conjurent d'avoir pitié d'eux. Ce

spectacle attendrissant déchire son cœur,
et pour comble d'angoisse, ses ressources
sont épuisées ; à cette vue, il ne consulte
que sa charité, et, par un mouvement sublime, il s'offre lui-même en ôtage pour
leur rançon. Mais soit méfiance, soit ava-
rice, les barbares refusent ses offres : c'est
alors que dans l'excès de sa douleur, il se
prosterne devant une image de la Sainte
Vierge, qu'il portait sans-cesse sur sa poitrine en signe de la tendre dévotion qu'il lui
avait vouée depuis son enfance, et supplie,
avec foi, la reine des cieux de lui fournir les
moyens de délivrer ces infortunés, qui n'a-
vaient d'autre alternative qu'un lent martyre, ou une apostasie certaine. Une prière
si animée, si ardente, et fondée sur un mo-
tif si saint, méritait d'être exaucée. Marie
lui apparait, le console, l'encourage, et lui
procure les secours qu'il demande. Au
reste, ce n'est pas la seule fois qu'il fût ainsi
miraculeusement assisté par la mère de Dieu:
à Valence, en Espagne, dans une occasion à-peu-près semblable, ayant dit avec

beaucoup de ferveur et effusion de larmes la sainte-messe en l'honneur de Marie, il trouva sur l'Autel tout l'argent dont il avait besoin. (*) Aussi pour lui en témoigner toute sa reconnaissance, et en conserver le précieux souvenir, il voulut que dans ses couvens il y eût un Autel qui lui fût dédié sous le nom de *Notre-Dame du bon-remède.* Telle est l'origine de cette dévotion, qui s'est ensuite répandue dans toute l'église, et qui est encore en vigueur.

Ayant donc racheté tous les captifs, au nombre de cent vingt, il les embarque; mais les musulmans furieux de voir échapper leur proie, se précipitent sur le vaissau, enlèvent le gouvernail, brisent les mâts, déchirent les voiles et l'abandonnent à la merci des flots, assurés qu'ils sont de son naufrage. Jean plein de confiance en Dieu ne se décourage point : il prie le ciel de

---

(*) Macédo, *page* --- 56 et 57
Tarizzo, *p.* ---- 153 et 163
Notice, *p.* --- --- 16
Chroniques, *p.* --- --- 23
Le P. Ignace Dilloud, *p,* 218 et 234

prendre la conduite du vaisseau ; puis ayant tendu son manteau en forme de voile, il se met à genoux sur le tillac, le crucifix à la main, et entonne des psaumes. L'évènement prouva qu'une foi vive n'est jamais sans récompense : la navigation fut très heureuse, et le vaisseau aborda en fort peu de temps au port d'Ostie, en Italie.

Quoique ces voyages pénibles et les mauvais traitemens que notre saint avait souffert, eussent extrêmement affaibli sa santé, il fut obligé, pour le bien de son Ordre et de l'Église, de parcourir l'Italie, la France et l'Espagne, bâtissant partout des monastères, réformant partout les mœurs, partout établissant l'adoration perpétuelle de la très Sainte-Trinité, afin de rendre aux personnes divines la gloire que les hérésies voulaient leur ravir. C'est principalement en Espagne qu'il obtint des succès éclatans; là, il se vit maître d'un grand nombre de maisons très célèbres. Le couvent de Lérida, surtout, mérite d'être nommé, à cause du bonheur qu'il eût de recevoir en même temps les trois plus grands saints de ce siècle : Saint Jean de Matha, patriarche des trinitaires, Saint Dominique, instituteur des frères prêcheurs, et Saint François d'Assise, fondateur des frères mineurs, qui s'y entretinrent pendant quelques semaines.

Jean revint ensuite en France visiter le couvent de Cerfroid. Saint Félix, à la tête de ses religieux, le reçut avec de grands transports de joie, et avec tous les honneurs qui lui étaient dûs comme ministre général. Ces deux grands hommes épanchèrent réciproquement leurs cœurs et s'entretinrent longuement de tout ce qui intéressait leur salut et le bien de leur Ordre. Après avoir tout réglé, tout disposé, le Père de Matha se rendit à Rome, où ses religieux l'attendaient avec impatience. Là, il leur donna de plus en plus l'exemple de toutes les vertus, et consolida ainsi les bases de son grand édifice, de l'œuvre de la rédemption. Ses jeûnes étaient continuels, et certains jours il s'oubliait jusqu'à ne rien prendre. Le sens du goût était tellement mortifié chez lui, qu'il semblait ne plus distinguer entre le chaud et le froid, le bon et le mauvais; il prenait indifféremment et sans attention toute sorte de nourriture. Ses veilles étaient soutenues; et souvent il passait les nuits entières en oraison. Il couchait sur la dure; il ne dormait que quelques heures et se levait toujours à minuit. Son travail était assidu; il ne perdait jamais un moment. Tant de fatigues, tant de mortifications extraordinaires, dont il ne se relacha jamais, achevèrent bientôt de ruiner sa santé, et le mirent dans l'impuissance d'entreprendre encore des voyages dans les pays infidèles pour racheter les captifs. Cependant, pour ne rien rabattre de sa charité, sa vertu chérie, il s'en dédommagea en remplissant dans Rome toutes les œuvres du plus tendre et du plus compatissant amour: on le voyait parcourir les prisons et les hôpitaux de la ville, soulageant les uns, consolant les autres, prodiguant à tous les soins empressés d'une charité paternelle. Outre ces œuvres de miséricorde, il prêchait continuellement les vérités du salut et de la pénitence. L'Esprit-Saint donnait une telle efficacité à ses discours, que les péchcurs les plus endurcis rentraient en eux-mêmes et se convertissaient.

Dieu daigna récompenser tant de mérites en honorant son fidéle serviteur du don de prophétie et de miracles. Il prédit à Alphonse, roi de Castille, qu'il remporterait une entière victoire sur les Maures. L'événement justifia la vérité de cette prédiction ; et son ordre, pour en perpétuer le souvenir, a établi la fête du triomphe de la croix, qu'il célébre le 16 juillet. En quittant Saint Félix, il lui annonça le jour et l'heure de sa mort. En entrant dans Rome, il délivra un possédé du démon, sur lequel on avait en vain pratiqué tous les exorcismes, et employé tous les autres moyens qu'une piété éclairée peut inspirer. Dans la même ville il guérit, à l'instant, un homme qui s'était fracturé une cuisse dans une chute.

Brillant de l'éclat de tant de vertus, illustre par tant de dons célestes, célèbre par sa haute science et ses saints écrits, (*) ayant racheté lui seul plus de neuf-cent quarante captifs ; après avoir vu son ordre répandu dans plusieurs royaumes, et déjà maître de près de cent maisons, Jean de Matha eut le bonheur de contempler dans le ciel, tout rayonnant de lumière, son second lui-même, Saint Félix, qui était mort au jour qu'il le lui avait prédit; et qui lui révéla à son tour, que dans une année il viendrait le rejoindre au séjour de la gloire. Dès-lors Jean convoqua à Rome les principaux Pères de sa nombreuse famille; et dans des assemblées générales il disposa toutes choses, avec sagesse et prévoyance, pour le plus grand bien de son Ordre. Sur ces entrefaites, comme on se préparait à célébrer le concile de Latran, Philippe-Auguste, roi de France, qui depuis long-temps avait honoré le Père de Matha du titre de son théologien, de

---

(*) On cite de lui un commentaire en quatre volumes sur le Maître des Sentences, une explication des Épîtres de Saint Paul, et des Évangiles pour toute l'année ; une Apologie de la foi contre les Albigeois, plusieurs traités sur notre S. J. C., divers livres acétiques, etc., etc.

son conseiller et de son aumônier, le nomma
pour assister en son nom, en sa qualité de
théologal : mais la mort ne lui permit pas de
remplir cette noble mission. Instruit une
seconde fois, par une vision céleste, que sa
dernière heure approche, (*) Jean ne s'oc-
cupe plus que de son ame ; il redouble d'ardeur dans tous ces exercices de pénitence ;
et tout absorbé en Dieu, il n'a qu'une pensée,
celle du ciel. Enfin dévoré par la fièvre, ou
plutôt consumé par l'amour divin ; muni des
sacremens, comme un autre Benoît, il or-
donne, trois jours avant sa mort, qu'on
creuse sa fosse ; il passe le jour suivant dans
une contemplation ravissante, nonobstant
ses cuisantes douleurs. Le troisième jour,
au milieu des pleurs et des larmes de ses
enfans, il leur fait ses adieux, en leur adres-
sant une exhortation touchante sur l'obliga-
tion de racheter les captifs, et leur donne sa
bénédiction. Ici sa figure devient plus ani-

(*) Chroniques, *page* --- 26
Tarizzo. *p.* --- 215
Anonyme, *p.* --- 77.
Le P. Ignace Dilloud, *p.* 306

mée, ses yeux sont fixés sur son crucifix, et ses lèvres, obéissant à son cœur, font entendre ces paroles : *In te, Domine, speravi non confundar in æternum. J'ai espéré en vous, Seigneur, je ne serai pas confondu à jamais;* puis il ajoute : *In manus tuas, Domine, commendo spiritum meum. Seigneur, je remets mon ame entre vos mains ;* peu après il pousse le dernier soupir ; et il expire le 17 décembre 1213, âgé de cinquante-trois ans, cinq mois , vingt-quatre jours. Bientôt la nouvelle de cette mort, précieuse devant le Seigneur, circule de bouche en bouche jusqu'aux extrémités de la ville : Rome s'ébranle ; chacun veut encore voir une fois l'homme de Dieu, et la foule se presse tellement autour du Saint, qu'on est obligé, pour satisfaire la dévotion des fidèles, de le laisser exposé pendant quatre jours dans son église de Saint-Thomas. A cette occasion un grand nombre de miracles s'opèrent ; entre autres, une femme manchote est guérie tout-à-coup, et quatre aveugles recouvrent la vue au pied du cercueil. Jamais obsèques plus solennelles! outre un concours immense de peuple , on remarquait un grand nombre de cardinaux , et le Pape lui-même. Le corps fut déposé dans l'église de Saint-Thomas *de Formis* , dans un riche tombeau en marbre blanc , élevé par les soins d'Innocent III , et orné de cette inscription en latin : *L'an de l'incarnation du fils de Dieu , mil-cent quatre-vingt dix-sept, l'Ordre de la rédemption des captifs a été , par inspiration divine , institué par ce frère Jean.... Son corps fut enseveli dans ce tombeau , le vingt-un décembre mil deux-cent treize.*

Les nombreux miracles opérés par ce grand apôtre de la charité , soit avant soit après sa mort, le firent mettre au rang des Saints par Urbain IV , qui ne fit qu'approuver la dévotion des peuples , qui , de suite après sa mort, avaient commencé à le révérer comme un Saint, sans attendre sa canonisation selon les règles de l'église. La sacrée congrégation des rits en 1665, reconnut l'authenticité et la vérité de son culte: Alexandre VII approuva ce decret; enfin Innocent XI en

1679, fixa sa fête au 8 février, sous le rit dou-
ble, pour toute la catholicité. Innocent X,
par une bulle donnée à Rome le 20 avril 1645,
voulant favoriser la dévotion envers ce grand
serviteur de Dieu, a accordé une indulgence
plénière à tous les fidèles qui visiteraient
dans les dispositions requises, une de ses
Églises ou de ses chapelles.

Dans la suite des temps, l'Église de Saint-
Thomas ayant passé sous la dépendance du
chapitre de Saint-Pierre, les Trinitaires virent avec peine que les reliques de leur père
ne fussent plus en leur pouvoir et tombas-
sent en oubli ; en conséquence, quelques
religieux espagnols formèrent le dessein
hardi de les enlever secrètement, et les
transportèrent dans leur couvent de Madrid,
avec toutes les pièces qui en constataient
l'authenticité. Ils en donnèrent ensuite avis
à la cour de Rome, qui nomma une commission spéciale pour reconnaître l'identité du
corps et l'authenticité des pièces. Cela
prouvé, le saint-siège donna, le 6 septembre 1721., un décret par lequel cette dé-

pouille mortelle était reconnue et déclarée être le véritable corps de Saint Jean de Matha, et cédé aux Trinitaires de Madrid pour le posséder et en jouir à perpétuité. En reconnaissance de ce précieux bienfait, et pour rendre à ces sacrées reliques tout l'honneur et toute la vénération qu'elles méritaient, les PP. Trinitaires disposèrent une procession extraordinaire où elles furent portées avec la plus grande solennité. Tous les corps religieux qui se trouvaient dans Madrid, et le chapitre collégial y assistaient en grande tenue; le prince de *Medina-Celi*, protecteur de l'Ordre de la Sainte-Trinité, donnait l'exemple en portant lui-même la bannière, et Marchion de *Cogolludo*, avec douze seigneurs des plus distingués, portaient le corps saint renfermé dans une chasse en argent, garnie de pierres précieuses; venaient ensuite tous les membres du gouvernement, plusieurs grands d'Espagne, et un peuple immense. Les rues étaient ornées et tendues de tapisseries magnifiques; de distance en distance on voyait s'élever de riches chapelles, et l'on comptait jusqu'à 28 autels élégamment décorés par les soins des divers Ordres religieux. De retour à l'église des trinitaires, le corps-saint a été déposé sous le maître-autel, où il continue toujours d'être révéré par un grand concours de fidèles. La veille de cette belle et mémorable solennité, le nonce apostolique avait ouvert une neuvaine en l'honneur du saint, en célébrant le saint sacrifice de la messe avec une pompe inusitée.

Quoique circonscrit dans des limites très étroites, je ne puis cependant me dispenser de citer ici le miracle suivant pris sur cent. Une peste cruelle désolait depuis long-temps Ubède, ville du diocèse de Jaen dans l'Andalousie, et y portait les ravages les plus affreux; depuis quelques jours surtout le mal était à son comble; les hôpitaux regorgeaient de victimes et la mort promenait partout l'horreur et la destruction : on n'entendoit que gémisemens, on ne voyait que cadavres : quelques fidèles éplorés venaient d'enterrer dans l'Église des Trinitaires un Père det ce

Ordre, mort en administrant les pestiférés ;
après la sépulture animés, par je ne sais quel
sentiment, ou plutôt inspirés du ciel, i's
prennent sur l'autel le tableau de Saint
Jean de Matha, et sortent processionnel-
lement dans les rues, en invoquant le Saint
avec foi ; le peuple suit spontanément cet
exemple, et l'on arrive dans un hôpital où
gissent une foule de malheureux, déjà aban-
donnés des médecins : à la vue du tableau,
chacun sent renaître son espérance, et tous
s'écrient : » Grand Saint, secourez-nous;
» c'est de vous que nous attendons la guéri-
» son et la vie, persuadés que Dieu ne vous
» refusera point cette grâce, si vous la lui
» demandez. » Prodige étonnant ! le mal
cesse aussitôt ; et deux religieux trinitaires,
le Père Sauveur d'Albarade, et Jean Gon-
zalez, qui étaient à toute extrémité, repré-
nent connaissance, comme l'image passe sur
eux, et sont incontinent rétablis dans une
parfaite santé. Après les informations juridi-
ques prises sur les lieux par son grand-Vicaire, assisté d'une commission nommée à

cet effet , l'évêque de Jaen , ne pouvant plus révoquer en doute la vérité de ce miracle, en fit dresser procès-verbal le 30 septembre 1681.

Voulant que ce grand Saint fût révéré d'une manière spéciale dans sa patrie, Dieu par des voies marquées au coin de sa providence , ainsi qu'on le voit dans les chroniques des Trinitaires, page 29, y a fait parvenir, en 1674, deux parcelles de ses reliques sacrées. Reliques qui font aujourd'hui la consolation, le bonheur et la gloire de Faucon, qui les poursuit de tout son amour. Le 8 février cette paroisse célèbre avec enthousiasme et une grande édification, la fête de son illustre et glorieux Saint ; et nous devons à la vérité de déclarer ici, que le Seigneur se plaît à récompenser cette douce et tendre dévotion, par des grâces signalées, abondantes et extraordinaires.

NOTE SUR LE LIEU DE LA NAISSANCE DE S. JEAN DE MATHA.

S'il y a eu jadis quelque doute sur la patrie de notre Saint, depuis plus de deux siècles toute incertitude a cessé, et il est clairement démontré aujourd'hui, que Faucon dans la vallée de Barcelonnette a seul le droit incontestable de revendiquer ce grand honneur. Voici quelques-unes de ses preuves.

D'abord un grand nombre d'auteurs se prononcent ouvertement en faveur de ce lieu, et je n'en connais point qui lui soient contraires Ainsi l'abbé Lavocat dans son Dictionnaire des grands hommes, dit : *St. Jean de Matha naquit dans la vallée de* BARCELONNETTE *dans un Bourg nommé* FAUCON.

Le nouveau Dictionnaire historique des grands hommes par une société de gens de lettres, porte : *St. Jean de Matha né en 1160 à* FAUCON *Bourg de la vallée de* BARCELONNETTE *en* PROVENCE.

Vosgien, Dictionnaire géographique : « FAUCON, » *village du département des Basses-Alpes* (Provence) » *patrie de St. Jean de Matha, à 172 l. E. de* BARCELON- » RETTE. »

Notice de l'Ordre de la très Sainte-Trinité, par le couvent de St.-Michel, page 7 : « Nacque S Gio. di » Matha, l'anno del signore 1160, li 23 di giugno, nel » luogo di *Falcone* della valle di *Barcellona.* »

D. A. François Tarizzo, page 5 : « Mà prima che io » entri à descriveri i primi passi…il sancto patriarca di » Matha, accennero solamente all' isfuggita, che il » luogo di FOCONE situato nella valle di BARCELLONA, con- » tado di Nizza, fù la patria che apprestogli al suo nascimento le fasce. »

Vie de St. Jean de Matha, in-8°, imprimée en 1695, page 5, « Il naquit à FAUCON, autrefois dépendant de » la Provence, mais depuis l'échange que fit Henri IV » du marquisat de Salluce pour la Bresse, il est demeuré » au duc de Savoie » Or on ne connait que Faucon de la vallée de Barcelonnette qui ait pu ainsi appartenir au duc de Savoie , puisque sa domination expirait au fort de St.-Vincent.

Les chroniques, les annales des PP. Trinitaires etc. , déclarent qu'il naquit à FAUCON dans le comté de Nice. Or on ne trouve qu'un Faucon dans tout le comté de Nice, celui de Barcelonnette.

Histoire du Diocèse d'Embrun , tome 1er , page 382 , et tome 2e, page 394 : « Le lieu de FAUCON est connu
» dans l'histoire ecclésiastique, à cause qu'il a été la
» patrie de St. Jean de Matha... Le village de Faucon du
» Caire a voulu disputer à Faucon de Barcelonnette , la
» gloire d'avoir donné la naissance à St. Jean de Matha ,
» sous prétexte qu'on lit dans sa vie, *in provincia natus*,
» ne faisant pas attention que dans le XIIe siècle la vallée
» de Barcelonnette était également unie à la province de
» Provence ; mais aujourd'hui il n'y a point de doute à
» ce sujet Il est écrit dans les chroniques de l'ordre des
» PP. Trinitaires : *Domus Falconensis stipendiis cujus-*
» *dam civis fabricanda, in loco natali Sancti Joannis*
» *de Matha, Patriarchæ illius ordinis.* Ce qui ne peut
» s'entendre que de FAUCON de BARCELONNETLE et non
» pas de celui du Caire, où les PP. Trinitaires n'ont
» point de maison. D'ailleurs au rapport d'Honoré Bou-
» che , dans son histoire de Provence, on montrait en-
» core de son temps à *Faucon de Barcelonnette* la maison
» des ancêtres de St. Jean de Matha, qu'on croyait avoir
» été autrefois les seigneurs de ce village , de même
» qu'un oratoire où ce Saint faisait ses prières, qui s'ap-
» pelait l'oratoire de St.-Michel , à cause que son aïeul,
» avoit nom Michel. » On voit encore aujourd'hui les fondemens et un pan de mur de cet oratoire qui porte toujours le même nom.

On lit dans l'authentique des reliques du Saint : At-
» tendu que ce lieu de FAUCON est le VRAI LIEU de sa *nais-*
» *sance* et baronie, nous avons cru être obligés de les y
» apporter pour y être révérées...., F. Jacques de Ste.
» Anne, Provincial. »

2° Faucon de Barcelonnette possède encore aujour-
d'hui des monumens et des titres de la famille de Matha
tels sont des terres qui portent son nom ; un autel très
ancien dédié au St.-Esprit , appelé vulgairement l'au c

1

de la famille de Matha. Au bas du tableau sont représentés deux personnages que la tradition a de tout temps désignés comme le père et la mère du Saint, remerciant l'auteur de toute grâce de leur avoir accordé un fils, et le vouant à Dieu. La haute antiquité de cet autel riche par ses ciselures surannées, les emblêmes qu'on découvre sur la base des colonnes, le costume des personnages, les renseignemens donnés par des hommes instruits et versés dans ces connaissances, le vœu des parens du Saint, dont il est fait mention au commencement de sa vie, tout concourt à corroborer cette tradition ; mais surtout ce qui forme une preuve qui parait irréfragable, c'est le tombeau de la famille qu'on trouve à main droite en entrant dans l'Église. Les fouilles pratiquées cette année en présence de l'autorité, ont découvert, à cinq pieds de profondeur, le caveau fait en bonne maçonnerie, et soutenu d'un côté par le mur de l'Eglise: on y a trouvé nombre d'ossemens et plusieurs médailles, dont on n'a pu préciser la date, mais appartenant toutes au comte de Provence. La grande pierre sépulcrale d'un seul bloc de la longueur de 8 pieds environ, parfaitement taillée et ornée aux angles de quatre têtes en forme de pavillon, représente, du couchant, un niveau ; et du levant, une croix qui laisse encore paraître les traits informes d'un Christ insculpté. Ce tombeau est sans contredit un des plus remarquables, pour ne pas dire le plus beau, de tout le Diocèse, que l'antiquité nous ait légué. Les initiales de la famille D. et M. qu'on remarque profondément gravées et bien conservées sur la face de devant, jointes à la tradition toujours uniforme, soutenue et invariable qu'on fait remonter, même aujourd'hui, à près de deux siècles, ne laissent aucun doute sur son authenticité.

3o Comme les Trinitaires pour honorer le lieu de la naissance de leur patriarche, se disposaient à fonder un couvent à *Faucon*, les Dominicains établis à *Barcelonnette* s'y opposèrent vivement, disant, entre autres raisons, que le Saint n'était point natif de ce lieu ; l'affaire fut portée devant le sénat de Turin et plaidée avec toute la chaleur et le talent possibles ; malgré cela, le sénat donna gain de cause aux Trinitaires en reconnaissant et déclarant que Faucon de Barcelonnette était le vrai lieu de la *naissance* de St. Jean de Matha. Ce procès se trouve relaté dans les annales des PP. Trinitaires, tome 1er, page 50.

Qu'on n'oublie pas que Barcelonnette n'a été bâtie par Raymond Béranger, comte de Provence, qu'en 1231, dix-huit ans après la mort de St. Jean ; jusqu'à cette époque Faucon avait toujours été le principal village de toute la contrée, on l'appelait Faucon de Terre-Neuve, ou Faucon de Provence, parce qu'il en dépendait. Ainsi ces paroles de la S. congrégation des rits : *Falcone in provinciá natus*, doivent s'entendre naturellement de ce village, qui n'a commencé à être sous la domination des ducs de Savoie qu'en 1388.

4° Enfin, voici des preuves qui portent le jour jusque dans sa dernière évidence, nous les tirons toutes d'un manuscrit intitulé : *Mémoires concernant la fondation de notre couvent de Faucon*. Cet ouvrage faisait partie de la bibliothèque de cette maison, et remonte en 1644.

Le conseil général de Barcelonnette, réuni pour délibérer sur la réception des Trinitaires à Faucon, dit, page 5 : « A tous soit manifeste, qu'ayant, les RR. PP.
» déchaussés de l'ordre de la très Sainte-Trinité, JUSTIFIÉ,
» après un long travail, la naissance de leur patriarche,
» St. Jean de Matha originaire du lieu de Faucon dépen-
» dant du consulat de la ville de Barcelonnette, ils
» avaient résolu d'y établir un couvent et relever la cha-
» pelle de St.-Michel pour la plus grande gloire de Dieu,
» et honneur dudit St. Jean de Matha....
» *Barcelonnette, le 26 décembre* 1661.

Lettre de Monseigneur l'Archevêque d'Embrun, alors ambassadeur à Madrid, à son grand-vicaire. (page 13*)*

« Bien que vous sachiez que j'ai assez peu de disposi-
» tion de donner permission pour des établissemens
» nouveaux des maisons religieuses dans mon Diocèse,
» connaissant qu'il y en a déjà un nombre suffisant pour
» le bien des peuples, je n'ai pu toutefois refuser aux
» RR. PP. Trinitaires, celle qu'ils m'ont demandée pour
» fonder un couvent de leur ordre dans le village de
« Faucon dans la vallée de Barcelonnette, à quoi j'ai été

» mu par la recommandation des personnes puissantes de
» cette cour. mais *beaucoup par la considération que
» St. Jean de Matha fondateur de cet ordre était* NATIF
» *dudit lieu de* FAUCON *, et il est juste que ses compatrio-*
» *tes* sentent principalement les fruits de son zèle par
» les enfans de son institut... *Madrid ,* 11 *mars* 1664 *,*
» GEORGE, *Archevêque d'Embrun.* »

Seconde lettre (*) *du R. P. général des Dominicains
au R. P. André Alphand, Prieur des PP. Prêcheurs de
Barcelonnette. (page* 46*.)*

R. PATER PRIOR ,
» Pax Christi et tibi et fratribus nostris Barcinoniæ
» apud Allobrogas congregatis. Ad ultimam supplicatio-
» nem vestram, quà Patres discalceatos Summæ Trinitatis
» eodem in loco erigi deprecamini: primò respondemus
» gratiam, quam petunt à nobis, negari non potuisse, nec à
» vobis debere, CUM LOCUS ILLE SUI SIT FONDATORIS NATALIS,
» nobis que grave esset, si in loco natali sancti Dominici
» nobis negaretur, disputareturque conventus. Quod
» autem tibi non vis fieri alteri nefeceris ; lex naturæ et
» jubet. et illis favendum suadet, quià nobis in simili
» causà faveri optaremus. At prœjudicium fore conven-
» tui nostro timetis et damno vobisque ; At modò evan-
» gelizetur Christus, nihili Christi servis interesse debet,
» nec decrit centuplum in hâc vitâ, si id parvum et jus-
» tum , quod Dei nomine petunt hi servi Dei , spontè et
» ultrò illis concedatis; ut ita faciatis vos iterùm horta-
» mur, et vestris orationibus nos commendamus. Valete.
» Datum Romæ die vigesimà. Septembris 1668. »
» Fr. Joannes Baptista de Marinis Magister Ordinis. »

*Comme cette lettre est à elle seule une preuve victo-
rieuse , je la traduis en faveur de ceux qui n'entendent
pas le latin.*

R. PÈRE PRIEUR ,
» Je vous souhaite la paix de J.-C. ainsi qu'à tous nos
« frères de Barcelonne chez les Allobroges. En réponse à
« votre dernière supplique, par laquelle vous nous priez
« d'empêcher l'établissement des Pères déchaussés de la

____

(*) Pour abréger nous suprimons la première qui est
très détaillée et qui n'est pas moins forte que celle-ci.

» Ste.-Trinité à Faucon : nous vous déclarons d'abord
» que nous n'avons pu, et que vous ne devez pas leur
» refuser la grâce qu'ils demandent, *attendu que ce lieu*
» *est le sol natal de leur fondateur*, et qu'il nous serait
» très pénible si l'on nous disputait, et qu'on voulût nous
» empêcher d'élever un couvent sur le lieu de la nais-
» sance de St. Dominique ; or ne faites point aux autres
» ce que vous n'aimeriez pas que l'on fît à vous-même :
» bien plus, la loi naturelle nous commande et nous
» presse de les seconder comme nous voudrions être
» secondés en pareil cas. Mais, dites-vous il y a à crain-
» dre qu'ils portent préjudice à notre couvent, et qu'ils
» nous soient nuisibles ; Eh ! qu'importe à de véritables
» serviteurs de Dieu, pourvu que J.-C. soit annoncé :
» au reste vous recevrez le centuple dans cette vie,
» si vous accordez de bon cœur à ces serviteurs de Dieu
» le peu qu'ils vous demandent en son nom et avec tant
» de justice. Nous vous exhortons de nouveau à le faire
» ainsi ; et nous nous recommandons à vos prières,
» portez-vous bien. Donné à Rome, etc. »

Après des argumens si péremptoires et si décisifs, il
est inutile de citer encore une foule d'autres preuves
qu'on trouve dans le manuscrit dont on vient de parler,
et ailleurs ; c'est pourquoi je termine cette note par la
réflexion suivante :

Jusqu'en 1388, la vallée de Barcelonnette avait toujours appartenu aux comtes de Provence. A cette année,
Amédée VIII Duc de Savoie, s'en empara ; bientôt elle
fut reprise par Louis II, comte de Provence ; ensuite
enlevée de nouveau par Amédée IX ; et, pour ne pas
entrer dans un long détail, il conste que cette contrée
malheureuse a passé tantôt sous la domination des comtes
de Provence, ses souverains naturels et légitimes, et tantôt
par droit de conquête sous celle des ducs de Savoie Ce
n'est que par le traité d'Utrecht, 1713, qu'elle a été dé-
finitivement rendue à la France et réintégrée à la Provence ; ces guerres désatreuses, qui ont plusieurs fois
réduit en cendre une grande partie de la Vallée, ont dé-
truit la plupart de ses monumens et de ses titres De là ces
faibles ombres qui ont paru autrefois obscurcir, un moment, l'origine de notre glorieux Saint, mais qui sont
pleinement dissipées depuis long-temps.

MESSE DE SAINT JEAN DE MATHA.

INTROIT.

Béni soit Dieu, qui a envoyé son ange pour délivrer tous ses fidèles serviteurs, qui croyaient en lui.

Psaume. Lorsque le Seigneur a fait cesser la captivité de Sion, nous nous sommes trouvés remplis de consolation.

℣. *Gloire soit etc.*

(*Oraison. Ci-après, p.* **76.**)

ÉPITRE.

Lecture du livre de l'Exode, chap. **6,** ℣. **6.**

Le Seigneur dit à Moyse : vous verrez maintenant ce que je vais faire à Pharaon ; car je le contraindrai par la force de mon bras à laisser aller les Israélites, et ma main puissante l'obligera de les faire sortir de son pays. Le Seigneur parla encore à Moyse, et lui dit : je suis le Seigneur, qui ai apparu à Abraham à Isaac, à Jacob, comme le Dieu tout puissant ; mais je ne me suis point fait connaître à eux selon ce nom, qui marque que je suis celui

MISSA SANCTI JOANNIS DE MATHA.

INTROITUS.

Benedictus Deus, qui misit angelum suum, et eruit servos suos, qui crediderunt in eum.

Psalmus. In convertendo Dominus captivitatem Sion: facti sumus, sicut consolati. ℣. *Gloria etc.*

(*Oratio. Ut in Vesp. p.* 71.)

Lectio libri Exodi.

Dixit Dominus ad Moysem: nunc videbis quæ facturus sum Pharaoni per manum enim fortem dimittet eos, et in manu robustâ ejiciet illos de terrâ suâ. Locutus-que est Dominus, ad Moysem, dicens: ego Dominus, qui apparui Abraham, Isaac, et jacob in Deo omnipotente, et nomen meum ADONAI non indicàvi eis. Pepigique fœdus cùm eis ut darem eis terram Chànaam terram peregrinationis eòrum, in quâ fuerunt àdvenæ. Ego audivi gemitum filiòrum Israël. quo Ægyptii oppresserunt eos: et recordatus sum pacti mei. Ideò dic filiis Israël: Ego Dominus, qui edùcam vos de ergâstuto Ægyptiorùm, et eruam de qui est. J'ai fait alliance avec eux, et je leur ai promis de leur donner la terre de Chanaam, la terre dans laquelle ils ont demeuré, comme voyageurs et étrangers. J'ai entendu les gémissemens des enfans d'Israël : j'ai vu les travaux dont les égyptiens les accablent et je me suis souvenu de mon alliance. C'est pourquoi dites de ma part aux enfans d'Israël : je suis le Seigneur ; c'est moi qui vous tirerai de la prison des égyptiens ; qui vous délivrerai de la servitude où ils vous tiennent, et qui vous racheterai de l'esclavage, en déployant la force de mon bras, et en faisant éclater la sévérité de mes jugemeus contre ceux qui vous oppriment.

Graduel. Il a brisé les chaînes des captifs et les a délivré du joug qui les accablait.

℣. Il les a retiré des mains de leurs ennemis et il les a rassemblés de diverses contrées. louez Dieu, louez Dieu.

℣. C'est ici Jean à qui un ange vêtu de blanc apparut à l'autel : heuse vitute ; ac redimam in brachio excelso , et judiciis magnis.

Graduale. Dirùpit vincula captivòrum et projecit ab eis jugum ipsòrum.

℣. Redemit illos de manu inimici et de regiònibus congregàvit eos. Allelùia, Allelùia.

℣. Iste est Joànnes , cui super altare angelus in albis apparuit : Beatus vir cui delàta sunt mandàta cœlestia.

Tractus. Tamquam lignam quod plantàtum est secùs decursùs aquàrum fructum dedit in tempore suo.

SEQUENTIA.

1. Primus ordo Redemptórum.
   Ad solamen captivorum.
   Cælitùs erigitur.

2. Qui divinæ Trinitati
   Sàcret sese , et charitàti
   Joànnes eligitur.

3. Redemptóri si dilectus
   Fuit alter, hic electus
   Redimendis fratibus.

4. In supremà discutióne ,
   Gràtius nil redemptione
   Apparebit jùdici.

reux celui que le ciel a trouvé digne de remplir ses volontés.

Trait. Il sera comme un arbre planté le long du courant des eaux, qui donnera son fruit dans la saison.

PROSE.

1. Le premier ordre Religieux institué pour la rédemption des captifs est l'œuvre de Dieu ;

2. Qui prédestina Saint Jean a être consacré tout entier à la divine Trinité et à la charité.

3. Si le grand Saint Jean a été tendrement aimé du Rédempteur du monde, celui-ci en a été choisi pour racheter ses frères :

4. Or, au jugement dernier, rien ne sera plus agréable au souverain juge que la rédemption.

5. Et alors Jean ne dira pas seulement qu'il a visité ses frères captifs, mais qu'il les a délivrés.

6. Jamais ordre n'eût de fin plus noble que celui qui est consacré au culte d'un seul Dieu en trois personnes ;

7. Aussi c'est par des prodiges et des miracles que le Seigneur conduit

5. Non se tantùm visitàtum,
Sed et dicet liberatum
In solutis proximis.

6. Clariòri nullus fini
Quàm qui Dei unius, et Trini
Cultui ordo cónditur.

7. Hinc prodigiis invitàtur
In eremo, et prœparatur
Institùtor optimus.

8. Ut confirmet per ostenta
Sibi cælitus portenta,
Admohetur Póntifex.

9. Regna barbara petùntur,
Vincla plùrima solvùntur
A Joànnis sociis.

10. Qui non statim liberàntur,
Ne vacillent, solidàntur
Sacra in fide et roboràntur
Spe cælestis prœmii.

11. Da, Redemptor, a catenis
Omnes solvi quas terrenis
Nectit incolis, ut pœnis
Illos vexet tàrtarus.

12. Da perennis libertàtis
Christe manus, ut, relatis
Palmis, nóbiles beàtis
Perfruàmur gaudiis.

    Amen. Allelùia!

et forme dans le désert l'admirable fondateur de ce St. ordre ;

8. Et qu'il commande au souverain Pontife de lui être favorable.

9. Suivi de vos compagnons vous vous élancez, zélé St. Jean, dans les pays barbares, vous brisez les fers d'un grand nombre d'esclaves,

10. Et raffermissez dans la foi, par l'espoir du bonheur éternel, tous ceux que vous ne pouvez racheter à l'instant.

11. Délivrez-nous, Rédempteur, des chaînes dont l'enfer s'efforce de charger les malheureux mortels pour les traîner dans l'abîme de tous les maux.

12. Accordez-nous, Christ, la grâce de l'éternelle liberté ; faites que, glorieux et triomphans, nous ayons le bonheur de goûter l'ineffable plaisir de partager la joie des fortunés habitans du ciel. Ainsi-soit-il. Louez Dieu.

† *Suite du Saint Evangile selon Saint Mathieu, chap.* 10, ℣. 16.

En ce temps là Jésus dit à ses disciples : Vous voyez que je vous envoie dans le monde comme des brebis au

† Sequentia Sancti Evangellii Secùndùm Mathœum.

In illo tempore dixit Jesus discipu- lissuis : Ecce ego mitto vos sicut oves in medio suporum. Estote ergo prù- dentes sicut serpentes, et simplices sicut columbæ. Cavéte autem ab ho- mìnibus. Tradent enim vos in conci- liis, et in synagògis suis flagellàbunt vos : et ad præsides, et ad reges ducé- mini propter me, in testimoniùm illis et gentibus. Cùm autem tradent vos, nolite cogitare quòmodo, aut quid loquàmìni : dabitur enim vobis in illà horâ, quid loquàmini : non enim vos estis qui loquîmini sed spiritus Patris vestri, qui loquitur invobis. Tradet autem frater fratrem in mor- tem ; et pater filium et insurgent filii in paréntes, et morte eos afficient : et éritis odio òmnibus propter nomen meum : qui autem perseveràverit us- que in finem, hic salvus erit.

Offertorium. Majorem charitatem nemo habet, ut ànimam suam ponat quis pro amìcis suis.

milieu des loups; soyez donc prudens comme des serpens, et simples comme des colombes. Mais surtout gardez-vous des hommes, car ils vous feront comparaître dans leurs assemblées, et ils vous feront fouetter dans leurs sinagogues; et vous serez présentés à cause de moi aux gouverneurs et aux rois, pour me rendre témoignage devant eux et devant les gentils. Lors donc qu'on vous livrera à eux, ne vous mettez point en peine ni comment vous parlerez, ni de ce que vous direz; car ce que vous devez leur dire vous sera donné à l'heure même; parce que ce n'est pas vous qui parlez, mais c'est l'esprit de mon père céleste qui parlera en vous. Alors le frère livrera le frère à la mort, et le père le fils; les enfans même se soulèveront contre leurs pères et leurs mères, et les feront mourir; et vous serez haïs de tous à cause de mon nom : or celui-là sera sauvé, qui persévérera jusqu'à la fin.

Offertoire. Personne ne peut avoir un plus grand amour, que de donner son âme pour ses amis.

Secreta. Hæc mùnera, quæsumus Domine, per intercessiònem sancti Joànnis, et vincula nostræ pravitatis absòlvant, et tuæ nobis misericordiæ dona concilient. etc.

Communio. Benedìctus Dòminus Deus Israël, quia visitavit, et fecit redemptiònem plebis suæ.

Post-communio. Refécti cibo, potuque cælésti tuam Deus noster imploràmus clementiam, ut per intercessiònem sancti Joànnis facias nos in amore ferventes, et ad redemptiònis æternæ proficiâmus augmentum. Per Dominum etc....

Secrète. Nous vous conjurons, Seigneur, faites, par l'intercession de S. Jean, que ce divin sacrifice brise les chaînes honteuses qui nous attachent au péché, et nous obtienne les dons de votre miséricorde. Par notre Seig.

Communion. Béni soit le Seigneur le Dieu d'Israël, de ce qu'il a visité et racheté son peuple.

Post-communion. Fortifiés de cette nourriture et de ce breuvage célestes nous venons, ô notre Dieu, implorer votre clémence, afin que vous daigniez, par l'intercession de S. Jean, enflammer notre cœur de votre amour, et nous faire parvenir à la rédemption éternelle. Par notre Seigneur....

VIII FEBRUARII.

In primis Vesperis Sancti Joannis de Matha, Ant. Sequ. Psal. Confes. non Pontificis.

1. *Ant.* Dominus de cœlo in terram aspexit, ut audiret gemitus compeditorum. *Dixit.*

2. *Ant.* Redemptionem misit Dominus populo suo per servum suum Joannem ad multorum salutem. *Confitebor.*

3. *Ant.* Propter miseriam inopum, et gemitus pauperum misit eum Dominus. *Beatus.*

4. *Ant.* Benedictus Deus, qui misit angelum suum, et eruit servos suos, qui crediderunt in eum. *Laudate.*

5. *Ant.* Redemit illos de manu inimici, et de regionibus congregavit eos. *Laudate Dom.*

CHAPITRE *Is. 61.*

Spiritus Domini super me : ad annuntiandum mansuetis misit me, ut mederer contritis corde, et prædicarem captivis indulgentiam, et clausis apertionem.

Aux premières Vêpres de S. Jean de Matha., Psaumes d'un Confesseur non Pontife, les Antiennes suivantes.

1. *Ant.* Le Seigneur a jeté du haut des cieux un regard sur la terre, et il a entendu les gémissemens des malheureux captifs. *Dixit.*

2. *Ant.* Le Seigneur a bien voulu se servir du ministère de son serviteur Jean, pour racheter son peuple et sauver un grand nombre d'ames *Confitebor.*

3. *Ant.* Le Seigneur l'a envoyé pour secourir les pauvres et consoler les affligés. *Beatus.*

4. *Ant.* Béni soit Dieu, qui a daigné envoyer son ange pour délivrer tous ses fidèles serviteurs qui croyaient en lui. *Laudate.*

5. *Ant.* Il les a retiré des mains de leurs ennemis, et il les a rassemblés des diverses contrées. *Laudate.*

CAPITULE. *Isaïe.* Chap. 6, ℣ 1.

L'Esprit du Seigneur s'est reposé sur moi; et il m'a envoyé pour annoncer sa parole à ceux qui sont doux; pour guérir ceux qui ont le cœur brisé de douleur; pour prêcher a grâce

HYMNE.

TE redemptoris celebri, Joannes,
Nomine æternum quoque dicet ætas;
Dùm catenarum miserè gravatos
    Pondere solvis.

Laudat hoc ipsum Deus, atque apertis
Firmat ostentis: operanti ad aras
Angelus sese tribuit videndum
    Missus ab axe.

Membra cui vestis nivibus tegebat
Purior: Crux cæruleo, rubroque
Mixta de collo fluitans, honestum
    Pectus obibat.

Rursùs apparet bicolore cervus
Nobilis nostræ labaro salutis,
Rursùs et cœlum monet obsequentem
    Condere prolem.

Condit, et magni socius laboris
Additur felix, Triadique summæ
Ordinem sacrat, triplicique signo
    Ornat alumnos.

Africæ Regum pretio furorem
Frangit oblato, revocans ab orci
Faucibus multos, patriasque abactos
    Reddit ad oras.

aux captifs , et la liberté à ceux qui sont dans les chaînes.

HYMNE.

1. Vous avez, S. Jean, brisé les fers cruels qui accablaient les captifs : aussi tous les siècles, jusqu'aux temps les plus reculés, vous appelleront du nom célèbre de Rédempteur.

2. Non-seulement Dieu agrée vos généreux desseins, mais il les approuve par des miracles éclatans. Il vous députe du ciel un ange qui s'offre à vos regards étonnés au moment où vous immolez sur l'autel la victime sainte.

3. Ses vêtemens sont plus blancs que la neige , et une croix rouge et bleue suspendue à son cou flotte sur sa poitrine.

4. Bientôt vous êtes favorisé d'une seconde vision ; c'est un cerf d'une rare beauté qui vous apparait portant entre son bois l'étendard de notre salut, brillant des deux couleurs. Par là , le ciel vous avertit une seconde fois de fonder un Ordre religieux.

5. Vous le fondez, aidé, dans cette grande œuvre, par votre compagnon S Félix ; vous le consacrez à la très

Te Deus simplex, pariterque trine,
Vincula ut solvas animi, rogamus.
Liberam forma tibi servitutem,
  Christe redemptor. Amen.
℣. Ora pro nobis beate Joannes.
℟. Ut digni efficiamur promissio-
nibus Christi.

 Ad Magnificat. *Antiphona.*

 Aquæ multæ non potuerunt ex-
tinguere charitarem Joannis ergà
captivos quià spiritus Domini mo-
vebat cor ejus. *Magnificat.*

OREMUS.

DEUS qui per sanctum Joannem de
MATHA ordinem sanctissimæ Trinitatis ad redimendum de potestate
saracenorum captivos cælitùs insti-
tuere dignatus es : præsta quæsumus
ut ejus suffragantibus meritis, a
captivitate corporis et animæ, te ad-
juvante, liberemur. Per Dominum.

In secundis Vesperis antiphona ad Magnifi.

 Propter ardentem charitatem, quâ
beatus Joannes diligebat captivos
omnia sua tradidit, et vitam ponere
non dubitavit. *Magnificat.*

*Par sa lettre du 12 janvier 1831, Monseigneur l'Évé-
que approuve la Messe et les Vépres ci-dessus, pour la
paroisse de Faucon, patrie de S. Jean de Matha.*

Ste.-Trinité , et vous ordonnez que le costume de vos enfans soit orné de trois signes de croix.

6. Ayant vaincu la fureur des Maures par l'appas de l'or , vous arrachez une foule de malheureux des portes de la mort et de l'enfer , et vous les ramenez joyeux dans le sein de leur patrie.

7. O Dieu seul en trois personnes nous vous en conjurons brisez les chaînes qui pèsent sur notre âme. Et vous Christ Rédempteur, faites que nous ayons le bonheur de vous servir dans l'éternelle liberté. Ainsi soit-il.

℣. Priez pour nous bienheureux S Jean.

℟. Afin que nous soyons dignes des promesses de Jésus-Christ.

Ant. L'esprit de Dieu brûlait tellement le cœur de S. Jean du feu de l'amour de ses frères , que des torrens d'eau n'auraient pu l'éteindre. *Magni.*

(*Oraison. Ci-après , page* 76.)

Aux Secondes Vêpres. Antienne.

Le bienheureux St. Jean était si embrasé des ardeurs de la charité envers ses frères captifs , qu'il ne balançât point à sacrifier pour eux tous ses biens et sa vie même. *Magn.*

NEUVAINE À L'HONNEUR DE SAINT JEAN DE MATHA.

1er *Jour.*   PRIÈRE.

Glorieux et admirable Rédempteur des esclaves, grand S. Jean de Matha, puissant avocat de l'homme malheureux, vous qui, dès le sein de votre pieuse mère, fûtes préconisé par Marie, qui lui annonça votre heureuse naissance et les merveilles de votre vie ; vous qui, à peine né, fûtes placé sous la protection de cette auguste Reine des Anges, qui vous a comblé de tant de faveurs signalées : prosterné à vos pieds, je vous supplie très humblement de m'obtenir de J.-C., mon Rédempteur, la grâce de révérer toujours avec un amour tendre et filial, sa très sainte Mère notre avocate et notre protectrice, afin de l'invoquer avec fruit dans tous mes besoins, et d'en être assisté d'une manière spéciale à l'heure de ma mort.

Je vous prie de plus, ô grand Saint ! de vous montrer généreux et libéral à m'obtenir, avec cette faveur, la grâce particulière que je viens demander à Dieu par cette sainte neuvaine, et que j'attends de vos mérites. Ainsi-soit-il.

Ici on médite un moment sur les vertus et les grâces qui font le sujet de cette prière. (On récite trois fois le Pater et l'Ave Maria.)

LITANIES DU SAINT.

Kyrie, eleison.	Seigneur, ayez pitié de nous.
Christe, eleison.	Jésus-Christ, ayez pitié de nous
Kyrie, eleison.	Seigneur, ayez pitié de nous.
Christe, audi nos.	Jésus-Christ, écoutez-nous.
Christe, exaudi nos.	Jésus-Christ, exaucez-nous.

Pater de cœlis, Deus, miserere nobis. | Père céleste, qui êtes Dieu, ayez pitié de nous.

Fili, Redemptor mundi Deus, miserere nobis. | Fils, Rédempteur du monde, qui êtes Dieu, ayez pitié de nous.

Spiritus sancte, Deus, miserere nobis. | Eprit-saint, qui êtes Dieu, ayez pitié de nous.

Sancta Trinitas. unus Deus, miserere nobis. | Trinité-sainte, qui êtes un seul Dieu, ayez pitié de nous.

Sancta Maria, remediatrix, ora pro nobis. | Sainte Marie, Dame du bon remède, priez pour nous.

Sancte Joannes de Matha, | S. Jean de Matha, priez etc.

Sancte Joannes, fructus lacrymarum atque precum, | Saint Jean, fruit de prières et de larmes,

Sancte Joannes, ab infantiâ Joannis Baptistæ pænitentiæ imitator, | Saint Jean, qui dès votre enfance avez imité la pénitence de S. J.-Baptiste,

Sancte Joannes, ordinis sanctissimæ Trinitatis cælitùs institutor, | Saint Jean, que Dieu a choisi pour fonder l'Ordre de la très sainte-Trinité :

Sancte Joannes, captivorum Redemptor, | Saint Jean, Rédempteur des captifs,

Sancte Joannes, cui Angelus in habitu Ordinis apparuit | Saint Jean, à qui un ange a apparu revêtu du scapulaire de l'Ordre,

Sancte Joannes, in solitudinem evolans ut orationi instares, | Saint Jean, qui vous êtes retiré dans la solitude pour vaquer à l'oraison,

Sancte Joannes, contemplator altissime, | Saint Jean, très sublime contemplatif,

Sancte Joannes. mandatis cælestibus fidelissime, | Saint Jean, très fidèle à exécuter les ordres du ciel,

Sancte Joannes, magnalia in honorem Dei suscipiens, | Saint Jean, qui avez entrepris de grands travaux pour la gloire de Dieu,

Sancte Joannes, quamplurium salus, | Saint Jean, qui avez arraché tant d'ames des portes de l'Enfer,

Sancte Joannes, multotiès a barbaris cæse,	Saint Jean, qui avez essuyé plusieurs fois les mauvais traitemens des barbares,
Sancte Joannes, Ecclesiæ perutilissime,	Saint Jean, qui avez rendu de grands services à l'Église,
Sancte Joannes, scientiâ atque doctrinâ magne,	Saint Jean, prodige de science et de lumières,
Sancte Joannes, doctor humillime,	Saint Jean, docteur très humble,
Sancte Joannes, plebis sanctorum pater,	Saint Jean, père d'un grand nombre de saints,
Sancte Joannes, vir miraculorum,	Saint Jean, homme de miracles,
Sancte Joannes, amore Dei ardens,	Saint Jean, brûlant de l'amour de Dieu,
Sancte Joannes, proximi charitate exuberans,	Saint Jean, plein de la charité du prochain,
Sancte Joannes, vas dulcedinis atque patientiæ,	Saint Jean, modèle de douceur et de patience,
Sancte Joannes, exemplar virtutum omnium,	Saint Jean, qui avez donné l'exemple de toutes les vertus,
Sancte Joannes, amando moriens,	Saint Jean, mort dans l'exercice du saint amour,
Sancte Joannes, pater atque protector noster,	Saint Jean, notre père et notre protecteur,
Agnus Dei, qui tollis peccata mundi, parce nobis Domine.	Agneau de Dieu, qui effacez les péchés du monde, pardonnez-nous, seigneur.
Agnus Dei, qui tollis peccata mundi, exaudi nos, Domine,	Agneau de Dieu, qui effacez les péchés du monde, exaucez-nous, seigneur.
Agnus Dei, qui tollis peccata mundi, miserere nobis,	Agneau de Dieu, qui effacez les péchés du monde, ayez pitié de nous.

℣. Ora pro nobis, beate Joannes.   ℣. Priez pour nous, bienheureux saint Jean ;

℞. Ut digni efficiamur promissionibus Christi.   ℞. Afin que nous soyons dignes des promesses de J.-C.

ORAISON.

O Dieu , qui avez daigné, par une vision céleste, vous servir de saint Jean de Matha , pour instituer l'Ordre de la très sainte-Trinité pour la Rédemption des fidèles captifs sous la puissance des sarrasins : faites , nous vous en supplions, qu'en vue de ses mérites nous soyons délivrés par votre grâce de la captivité du corps et de l'ame. Par notre seigneur Jésus-Christ etc.

2me *Jour.*   PRIÈRE.

Très saint patriarche et Rédempteur des esclaves, grand saint Jean de Matha, très clément avocat de l'homme malheureux, vous qui, dès votre plus tendre enfance, avez mortifié votre corps délicat par des jeûnes rigoureux , de rudes disciplines , de cruels cilices, comme si vous aviez été le plus grand pécheur et la plus indigne créature du monde ; tandis que rien n'était plus pur que votre chair, plus chaste que votre cœur, plus saint que vos actions ; prosterné à vos pieds, je vous supplie très humblement de m'obtenir de Jésus-Christ , mon Rédempteur, la grâce de soumettre comme vous, la chair à l'esprit par toutes sortes de mortifications , de dompter mes passions , et de faire pénitence de mes graves et nombreux péchés , afin que, marchant dans la perfection des vertus chrétiennes , j'aye le bonheur de mériter la palme éternelle.

Je vous prie etc. (*Le reste comme ci-dessus , p.* 73.)

3me *Jour.*   PRIÈRE.

Bienheureux père et patriarche , grand saint Jean de Matha, admirable Rédempteur des esclaves, avocat plein de commisération pour l'homme malheureux , vous qu'une ardente charité envers le prochain a porté à embrasser les plus rudes travaux , à vous dévouer aux plus grandes incommodités, à souffrir avec joie les peines, les fatigues , les injures , les outrages , les coups ; afin de racheter les malheureux esclaves , et arracher un grand nombre d'ames aux fureurs de l'enfer : prosterné à vos pieds, je vous supplie très humblement de m'obtenir de Jésus-Christ, mon Rédempteur, la grâce d'être, comme vous, brûlé de la charité la plus vive pour le prochain ; faites qu'un de mes plus ardens désirs soit de l'aimer, le servir et l'assister par tous les moyens possibles , et que non-seulement je pardonne à mes adversaires, mes ennemis, mes persécuteurs , mais que , bannissant de mon cœur tout ressentiment et toute pensée de vengeance , je conjure encore le seigneur de leur accorder toute sorte de bien dans cette vie et le paradis en l'autre.

Je vous prie etc. *(Le reste comme ci-dessus , p* 73*.)*

4me *Jour*.　　　　　Prière.

Auguste père et patriarche, grand saint Jean de Matha, ardent Rédempteur des esclaves, fidèle avocat de l'homme malheureux , vous, dont les sublimes vertus vous ont obtenu de la Trinité sainte des faveurs extraordinaires ; vous, dont les hauts mérites vous ont ouvert les trésors du ciel , et dispensé les dons célestes ; vous , à qui notre Seigneur fit entendre ces douces et amoureuses paroles : *Travaillez, mon fils , à acquérir la sagesse, et donnez à mon cœur la joie de vous voir l'étudier* ; vous , sur qui brilla une colonne de feu , au moment de votre ordination ; prosterné à vos pieds , je vous supplie très humblement de m'obtenir de Jésus-Christ, mon Rédempteur , la grâce de ne jamais résister aux inspirations divines , et de faire en tout , avec joie et promptitude , la volonté du ciel.

Je vous prie etc, *(Le reste comme ci-dessus , p,* 73*.)*

5me *Jour*.　　　　　Prière.

Illustre père et patriarche, grand saint Jean de Matha, charitable Rédempteur des esclaves, miséricordieux avocat de l'homme malheureux. maître et modèle parfait de de la pénitence, vous , qui avez préféré l'abandon de la solitude , et l'horreur des déserts aux délices des palais, et aux honneurs du monde ; vous , qui avez mené sur la terre une vie angélique, veillant, priant, souffrant; prosterné à vos pieds, je vous supplie très humblement dem'obtenir de Jésus-Christ, mon Rédempteur, cet esprit d'abnégation qui vous détacha du siècle et de ses grandeurs, pour rentrer sérieusement en moi-même, marcher dans les voies de l'humilité, et détacher mon cœur de tout objet terrestre.

Je vous prie, etc. *(Comme ci-dessus, p. 73.)*

6me *Jour.* Prière.

Puissant père et patriarche, grand saint Jean de Matha, zélé Rédempteur des esclaves, saint protecteur de l'homme malheureux, vous qui, par les secours de Dieu, avez triomphé des affreuses et terribles tentation de l'esprit malin, qui mit tout en œuvre pour vous ravir le précieux trésor de l'innocence et vous arracher à vos saints excercices: prosterné à vos pieds, je vous supplie très humblement de m'obtenir de Jésus-Christ, mon Rédempteur, cet esprit fort et courageux qui vous animait, pour fouler à mes pieds tout plaisir illicite et criminel, résister aux attaques violentes et astucieuses du démon, et persévérer dans le bien jusqu'à mon dernier soupir.

Je vous prie etc. *(Comme ci-dessus, p. 73.)*

7me *Jour.* Prière.

Magnanime père et patriarche, grand saint Jean de Matha, infatigable Rédempteur des esclaves, intrépide avocat de l'homme malheureux, vase de prédilection, glorieux apôtre de la Dalmatie, vous, qui avez porté le saint nom de Dieu devant les nations, vous, qui avez ramené à la foi un grand nombre d'hérétiques, converti par vos touchantes et vives prédications les pécheurs les plus endurcis, guidé et soutenu dans les voies glissantes du salut une foule de justes: prosterné à vos pieds, je vous supplie très humblement de m'obtenir de Jésus-Christ, mon Rédempteur, la véritable conversion du cœur, et un zèle infatigable à travailler à la sanctification des ames.

Je vous prie etc. *(Comme ci-dessus, p. 73.)*

8me *Jour.*   PRIÈRE.

Généreux père et patriarche, grand saint Jean de Matha, héroïque Rédempteur des esclaves, pieux avocat de
l'homme malheureux, vous, qui avez racheté les captifs
au péril de votre vie, souffrant avec joie toutes sortes de
mauvais traitemens et des cruautés inouïes de la part des
barbares, qui vous ont laissé à demi-mort couvert de
plaies, nageant dans votre sang; vous, qui avez pris la
place des esclaves, vous donnant pour leur rançon : prosterné à vos pieds, je vous supplie très humblement de
m'obtenir de Jésus-Christ, mon Rédempteur, la grâce
de supporter avec la même joie et la même patience, les
mépris, les injustices, et tous les maux que je rencontre-
rai sur le passage de cette vie mortelle.

Je vous prie etc.   *(Comme ci-dessus, p. 73.)*

9me *Jour.*   PRIÈRE.

Tendre père et patriarche, grand saint Jean de Matha,
admirable Rédempteur des esclaves, puissant avocat de
l'homme malheureux, vous qui, sur le point de quitter
cette terre d'exil, après y avoir allumé partout le feu de
l'amour de Dieu et du prochain, avez eu la douce consolation de recevoir la visite d'un ange, qui vous fit connaître l'heure de votre sainte mort; vous, qui contem-
plez en ce moment à découvert la puissance incompré-
hensible du père, la sagesse profonde et ineffable du fils,
et l'immense océan de l'amour du Saint-Esprit : prosterné à vos pieds, je vous supplie très humblement de m'obtenir de Jésus-Christ, mon Rédempteur, la grâce de
mourir dans ses bras sacrés, assisté et secouru des saintes
et puissantes consolations de la religion ; afin que j'aye le
bonheur de parvenir à la béatitude céleste, et régner
avec vous pendant tous les siècles de l'éternité.

Je vous prie etc.   *(Comme ci-dessus, p. 73.)*

VISITE AU SAINT.

Glorieux Saint Jean de Matha, illustre et puissant protecteur, bon et tendre père, grand saint, vrai miroir de pureté, parfait modèle d'humilité, ardent apôtre de la charité, ornement de l'Église, Rédempteur des captifs, vous qui avez brillé sur la terre de l'éclat éblouissant de toutes les vertus, qui vous ont mérité une si belle place dans le royaume éternel de Jésus-Christ, je viens, avec un entier abandon, me jeter dans vos bras sacrés; daignez, soutien des malheureux, consolateur des affligés, espoir des naufragés, daignez laisser tomber du haut de votre trône un regard favorable et plein de commisération sur le plus indigne des pécheurs, mais le plus heureux, puisqu'il a mis sa confiance en vous, qui avez brisé tant de chaînes, sauvé tant d'esclaves : obtenez-moi la grâce que je sollicite avec tant d'instance de votre cœur généreux et compatissant : vous le pouvez; faites, par votre puissante intercession, que je vous imite dans vos vertus; brûlez mon ame du désir de ne plaire qu'à mon divin Sauveur, à son auguste mère et à vous, afin que j'aye le bonheur de me sanctifiér, et de régner avec vous dans le sein de Dieu pendant l'éternité. Ainsi soit-il.

CANTIQUES A L'HONNEUR DE SAINT JEAN DE MATHA.

Air : *Sainte cité, demeure permanente* .. N° 9, *ou 112 avec le refrain.*

Ton nom, Matha, survivra d'âge en âge,
Et règnera jusqu'à la fin des temps.
Libérateur, tu brisas l'esclavage :
Sois à jamais célébré par nos chants.

Chœur.

O notre Père !
Priez pour nous;
De cette terre
Attirez nous à vous.

Dans les déserts tes ardeurs s'enflammèrent ,
Là , tu parus tel que le lis des champs :
Jusques au ciel tes vertus s'élevèrent ,
Comme l'odeur d'un agréable encens.
   O notre père etc.

Un messager de l'arbitre suprême ,
Au saint autel se présente à tes yeux
Il rayonnait de l'éclat de Dieu même
Heureux Matha , tu te croyais aux cieux.
   O notre père etc.

Il apparaît plus brillant que l'aurore ,
Le sein orné du signe du salut :
De ton amour tu le poursuis encore ,
Et cependant il avait disparu.
   O notre père etc.

Frappé bientôt d'une vision nouvelle,
Ton tendre cœur , du ciel entend la voix :
Un ordre saint console le fidèle ;
A ton amour, grâce , grâce cent fois.
   O notre père etc.

Du feu divin l'ardeur qui te dévore,
Te fait franchir et les monts et les mers ;
Que de chrétiens , sur le rivage Maure ,
Sont par tes soins délivrés de leurs fers !
   O notre père etc,

Ils reverront le sol de leur patrie .
L'autel où Dieu les marqua de son sceau ;
Leur toit aimé , leur épouse chérie,
Et t'offriront des vœux jusqu'au tombeau.
   O notre père etc.

POUR LE JOUR DE LA FÊTE DU SAINT.

Air : *Jours heureux , Sainte allégresse.* N° 18.

Faucon dans ce jour de fête,
Réunis tes habitants ;
Pour ton saint que tout s'apprête,
Entonne tes plus beaux chants.
Ce grand saint que tu révères
Dans tes murs reçut le jour ;

N'omets donc rien pour lui plaire,
Et mériter son amour.

CHŒUR.

O le plus doux des pères !
Daigne sur tes enfans
Porter tes regards puissans,
Et bienfaisans et tutélaires,
Porter tes regards puissans,
Tutélaires, bienfaisans.

Un rayon brille et m'éclaire;
Jean, que vois-je dans ton cœur,
Humble et chaste sanctuaire
Où repose la ferveur !
Là, comme des souveraines,
Règnent toutes les vertus ;
Là, sous de brûlantes chaînes
L'amour captive Jésus.
O le plus doux etc.

Au sein du bonheur suprême,
Assis près de l'éternel,
De Matha veut que je l'aime
Volons vers son saint autel
Il mérite notre hommage,
Comme ange libérateur:
Il sut briser l'esclavage ;
Il est notre protecteur.
O le plus doux etc,

Trê.e n.oreilleattententive

A nos vœux, à nos soupirs ;
Entends notre voix plaintive
Grand saint comble nos désirs
Viens de nos cuisantes peines,
Abréger les longs tourmens,
Et briser encor les chaînes
Qui pèsent sur tes enfans.
O le plus doux etc.

Chacun sent son âme émue,
Dans cet heureux et beau jour,
Et l'esclave te salue
Des transports de son amour.
Nous venons, âme chérie,
Emprunter aux chœurs des cieux,
Leur ravissante harmonie,
Pour te chanter avec eux.
O le plus doux etc.

Sur ton autel, sans partage,
Nous venons tous déposer
Et nos biens, et notre hommage,
Et notre cœur tout entier.
Reçois ce tribut sincère
De la main de tes enfans.
C'est l'objet, ô tendre Père !
De nos vœux les plus ardens.
O le plus doux etc.

AIR : O vous, que dans les cieux...No 77.

Tout fidèle, en ce jour, doit avoir un langage,
Plus brûlant que le feu, pour exalter le saint,
Qui, par sa charité, sut briser l'esclavage,
A ce sauveur gloire sans fin. (bis)

Illustre de Matha, miroir chaste et fidèle,
Où toutes les vertus viennent se réfléchir ;

Près de la pureté dont ton ame étincelle ,
      Je vois les beaux lis se flétrir.   *(bis)*

C'est en vain que Paris de lauriers te couronne ;
En vain du Vatican on t'offre les grandeurs ;
Tu les foules aux pieds , et la pourpre s'étonne
      De n'avoir plus d'adorateurs.   *(bis)*

Dans de sombres déserts , sous un antre sauvage ,
Ton cœur avec transport , et cent fois chaque jour ,
Présente au créateur le plus touchant hommage
      Que puisse offrir le saint amour.   *(bis)*

Là , de ses feux ardens la charité t'enflamme ;
Déjà tu te nourris des projets les plus beaux :
Bientôt un ordre saint , heureux fruit de ton âme ,
      Nous consolera dans nos maux.   *(bis)*

Ton cœur doux, paternel , languit , gémit , soupire;
Il voudrait sans retard briser les fers cruels
Qui traînent à la mort , par un affreux martyre ,
      Les corps tout sanglans des mortels.   *(bis)*

Tu parles , et cédant de sa fureur extrême ,
Le barbare est vaincu , l'esclave racheté :
Pour prix de sa rançon tu te donnes toi-même :
      O prodige de charité ! ! ! !   *(bis)*

Mais astre étincelant , ta course est terminée ;
Je vois le ciel s'ouvrir prêt à te recevoir :
Tu t'éclipses ; soudain la terre prosternée
      Implore , invoque ton pouvoir.   *(bis)*

---

*Cantique composé par M. M** Président du tribunal de B.****

Air : *Sur les apôtres assemblés....* N° 58.

    Touché des maux de ses enfants
    Que , dans un horrible esclavage,
    Les Maures et les Musulmans
    Traînaient sur leur lointaine plage ;
    Le très-haut, formant le dessein
    D'affermir leur ame flétrie,

Pour eux, fit naître un nouveau saint   *(bis)*
Dont Faucon devient la patrie.

Issu de parens distingués ,
Jean de Matha dès son enfance
Montre les trésors prodigués ,
Par l'éternel à sa naisance.
Fidèle à son divin mandat ,
Du pauvre il soutient l'existence ,
Rien ne l'émeut , rien ne l'abat ,   *(bis)*
Quand il peut calmer sa souffrance.

Apôtre de la charité ,
Son esprit est à la torture,
Lorsqu'il songe à la cruauté ,
Que maint et maint captif endure.
Brûlant d'en adoucir l'horreur ,
Il ne craint ni travaux ni peines ,
Et , comme un second Rédempteur ,   *(bis)*
Bientôt il brisera leurs chaînes.

O pouvoir de la charité !
Ton exemple excite le zèle ;
Déjà toute la chrétienté
A tes lois se montre fidèle.
Jean qui , par toi , sait tout braver ,
Aborde le lointain rivage ,
Il parle , on cède , il vient sauver   *(bis)*
Cent vingt chrétiens de l'esclavage.

Chantons ce zélé bienfaiteur ,
Dont le nom vivant d'âge en âge,
Sauvera du temps destructeur ,
Le souvenir de ce village.
Aimons , comme lui , le prochain;
Comme lui bravons la souffrance,
De qui célèbre ainsi le saint,   *(bis)*
Le ciel sera la récompense.

FIN.

9 782012 480872